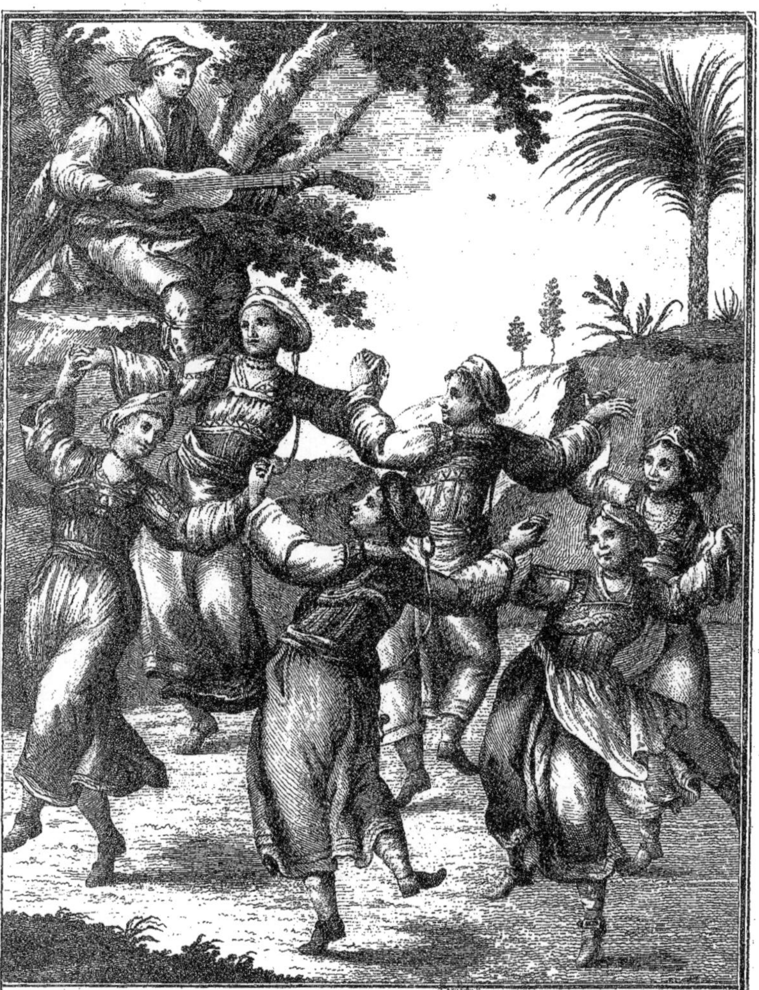

Danse de Paisannes Siciliennes.

Deſsiné par l'Auteur.                    Gravé par Dell'Aqua.

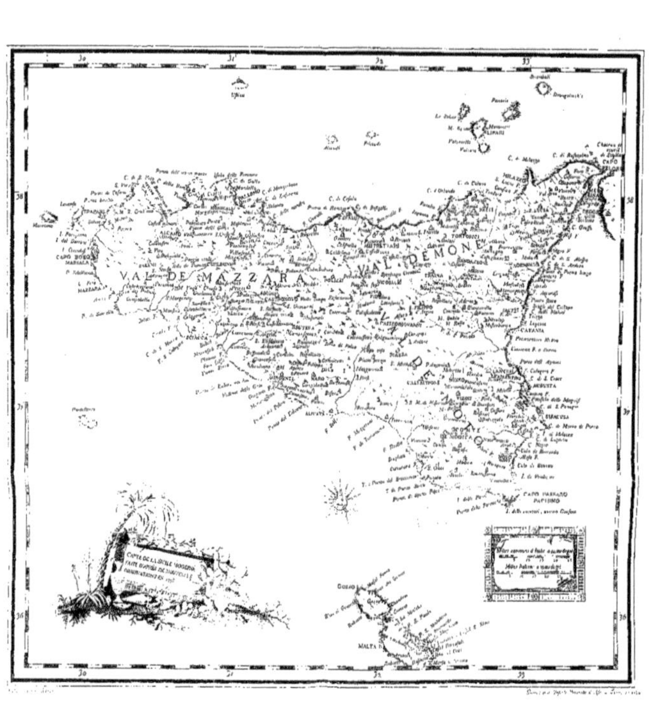
VAL DE MAZZARA
VAL DEMONE
CATANIA
SIRACUSA
LIPARI
CAPO PASSARO
PACHINO
MALTA
CARTE DE LA SICILE MODERNE

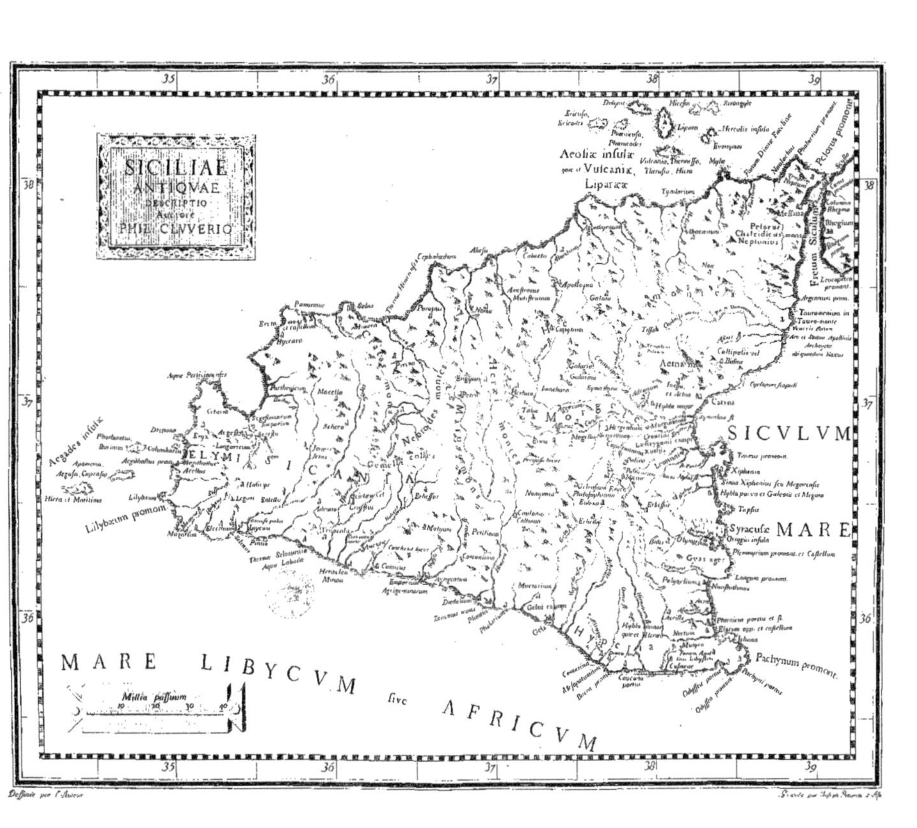

SICILIAE ANTIQVAE DESCRIPTIO Auctore PHIL. CLVVERIO
MARE LIBYCVM sive AFRICVM
Millia passuum
SICVLVM MARE
Aeoliæ insulæ quæ et Vulcaniæ Liparicæ
SICANIA
ELYMI
HYCLA
Lilybæum promont.
Pachynum promont.
Pelorum promont.
Fretum Siculum
Syracusæ
Messana
Drepana
Panormus
Heraclea Minoa
Thermæ Selinuntiæ Aquæ Labodæ
Aegades insulæ
Aetnæi

MER JONIENNE
GOLPHE DE CATANE
PLAINE DE CATANE
Carte Oryctographique de l'Etna
dressée d'apres les observations
du Chanoine Joseph Recupero
A. Premiere Région de l'Etna
B. Seconde Région
C. Troisieme Région
D. Cratere
E. Grotte des chevres
Echelle de Milles Siciliens
1 2 3 4 5 6 7 8 9 10
Dessinée par l'Auteur
Gravée par Joseph Pinarelli d'Asti

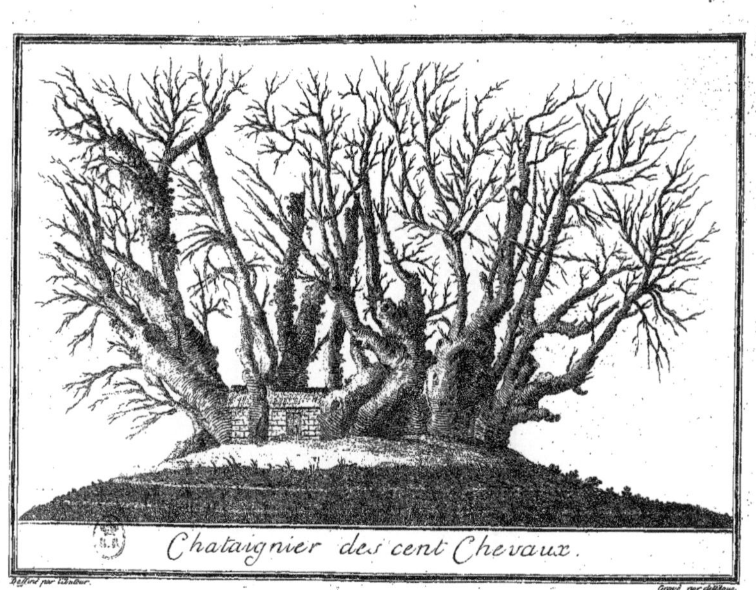



Chataignier des cent Chevaux.

Papyrus des anciens.

Dessiné par l'auteur.                Gravé par [illegible]

Racine du Papyrus.

Dessiné par l'Auteur.    Gravé par Chrey. del'Aqua.

Dessiné par l'Auteur.　　　　Gravé par dell'Aqua.

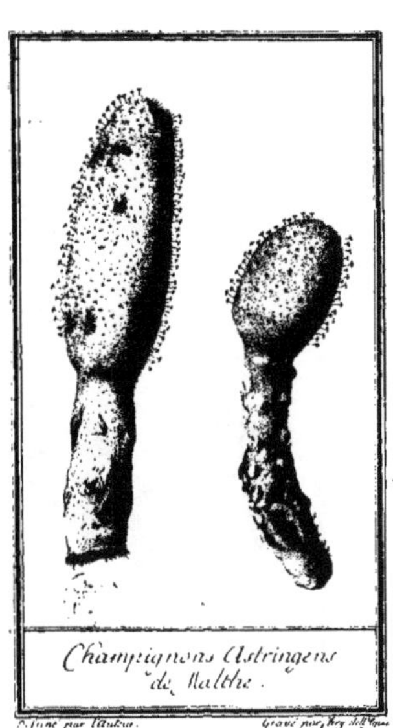



Dessiné par l'Auteur.    Gravé par Frey dell' Opus.

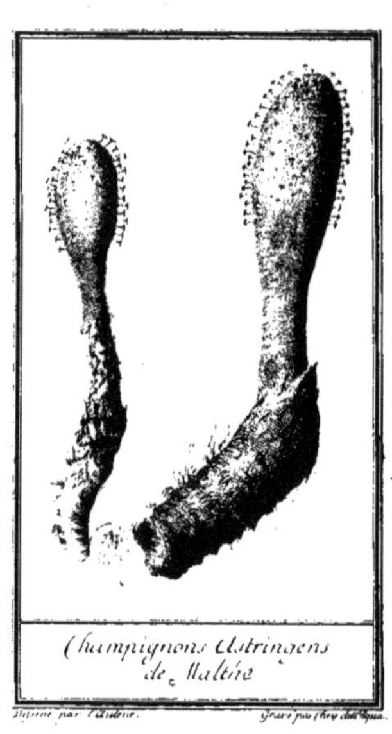



Dessiné par l'Auteur.                    Gravé par Chez dell'Acqua.

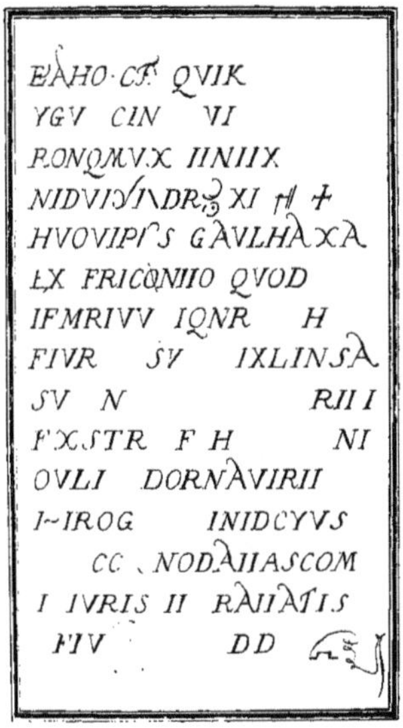

EAHO·CF QVIK
YGV CIN VI
RONQMVX IINIIX
NIDVI NDR XI
HVOVIPI S GAVLHAXA
LX FRICONIIO QVOD
IFMRIVV IQNR H
FIVR SV IXLINSA
SV N RII I
FXSTR F H NI
OVLI DORNAVIRII
I IROG INIDCYVS
CC NODAIIASCOM
I IVRIS II RAIIATIS
FIV DD

C F SIIO·IFPQ·MPI·G ALIO·V
RENINO·IVIATONAIAIIAFN
IINOPARONOMINKIPIST
MRCIVSMRCIAIVSAICDOPIM
IKARISSIMOSBIHONORISCNSDSI

CERERI IVLIA·E·AVGVSTAE
        DIVI AVGVSTI MATRI
TI CAE·SARIS AVGVSTI
LVTATIA· CE SACERDOS AVGVSTAI
    IMP·PERPET          VXOR·
M·I IVIM·IQVI· OTTATI FLAMINIS GENTIS
IVLIAE AVGVSTI. IMPPERPET·CVM
LIBERIS    SI      CONSACRAVIT.

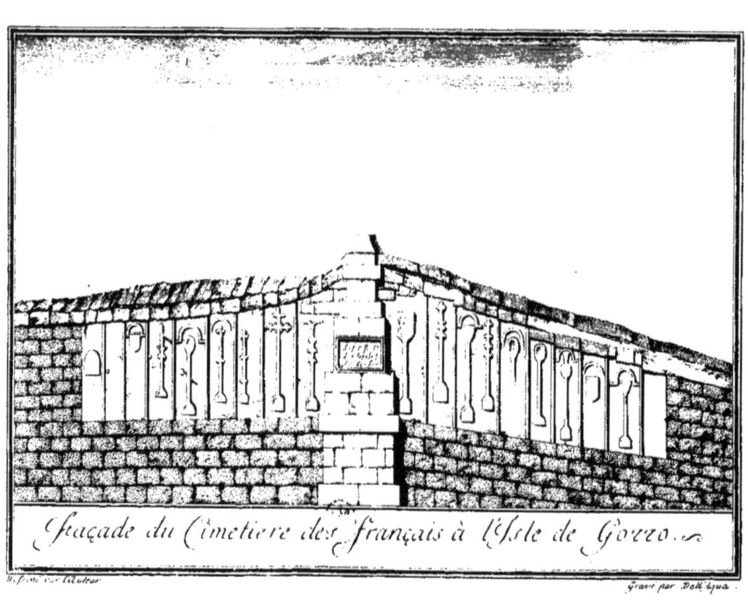


Façade du Cimetiere des français à l'Isle de Gorro.
Dessiné par l'auteur
Gravé par Dell'Aqua

Inscription du Cimetiere
des français à Gorée

Galli hanc Gaule Insulam imperantes
anno Domini CIƆCCLXX.
Ne sacra Ossa Præsulum ac Virorum illustrium
qui
(cum S. Ludovico Francorum Rege e Gallia profecti
et ab Africa post Bellum sacrum heic träslata
oblivioni darent
Hoc Cœmeterium erexere
in quo
singulis lapides sepulchrales anaglyphis distinctos
propriis insignibus decoratos collocavere.
Illus et Rev.mus Fr. D. Paulus Alpheran de Bussion Gallus
Hujus ac Melitæ Epus, nec non Damiatæ Archiepiscopus
qui
hunc Dormitionis locum visitavit
anno CIƆIƆCCLVI. mense setemb. die I. II.
Ut Reliquiæ ex maximo numero Vetustiores insigniuoresque
Lapides invectitiæ
Omnibus pateant et conser ventur
Heic ære proprio apponi jussit.

Vue de la Tour des Géants
dans l'Isle de Gozzo.
Dessiné par l'Auteur
Gravé par Chev. dell'Aqua

Ruines du Temple de Junon Lucine à Agrigente.

Face laterale opposeé du temple de la Concorde.

Face laterale du temple de la Concorde a Girgenti.

Dessiné par l'Auteur

Gravé par Dell'Acqua

Mausolée de Teron à Agrigente.

Dessiné par l'Auteur     Gravé par Chrys. dell'Acqua.

Face laterale du Temple de Segeste.

Plan du Temple de Segeste.

Dessiné par l'auteur.　　Gravé par Dellaqua.

Pronaon et Prosaicon du Temple
de Segeste à Barbaro.

Dessiné par l'Auteur.                    Gravé par Fréq. dell'Equa.

Balustrade du Palais du Prince de Palagonia.

Balustrade du Palais du Prince de Palagonia.

Dessiné par l'Auteur.　　　Gravé par Delignon.

Eglise de Ste. Rozalie
près de Palerme
Dessiné par Swinburn.
Gravé par Chev. dell'Aqua

Jeune fille Lipparotte
en habit de Nôces.
Dessiné par l'Auteur          gravé par Dell'tqua.

Jeunes filles Lipparottes.

Dessiné par l'Auteur.    Gravé par Dellidqua.

Orgue d'Éole à Lippari
dont on ne voit que trois faces, le reste se
trouvant enterré sous cette espèce de
Colline.

Vue d'oiseau de cet Orgue en petit
a.a.a.a. Quatre angles des trois côtés apparéns. b.b.b.b. Quatre angles supposés se trouver sous terre. c.c.c. trois Colli-
nes soit naturelles, soit factices. d.d.d. trois directions des
vents. e.e.e.e. Colline qui recouvre le reste de cet Edifice.

Dessiné par l'Auteur.                                    Gravé par dell'Acqua

Dessiné par Swinburn.  Gravé par Chru dell Aqua.

Vue de l'Aqueduc construit sur l'ancien fleuve Symète en 1777.
par Don Ignace Paterno-Castello, Prince de Biscaris.